L'APOLOGIE

DU

MAUDIT

CANDIDAT

Au Fauteuil d'ALFRED DE VIGNY

> Quærite et invenietis,
> Pulsate et aperietur vobis!

DIALOGUE HÉROÏQUE

PARIS
IMPRIMERIE DE LOUIS GUÉRIN
RUE DU PETIT-CARREAU, 26
—
1864

TABLE

DES NUMÉROS DES FAUTEUILS

DE

L'ACADÉMIE FRANÇAISE

AVEC

LES NOMS DES TITULAIRES ACTUELS

Fauteuils.	Titulaires.
Ier	MM. Villemain.
IIe	Thiers.
IIIe	Lebrun.
IVe	de Barante.
V^e	Lamartine.
VIe	Cousin.
VIIe	le comte de Ségur.
VIIIe	Mignet.
IXe	Viennet.
X^e	Guizot.
XIe	Dupin.
XIIe	Mérimée.
XIIIe	Ponsard.
XIVe	Flourens.

Fauteuils.	Titulaires.
XVe	MM. le duc de Broglie.
XVIe	Dupanloup.
XVIIe	Dufaure.
XVIIIe	Victor Hugo.
XIXe	de Pongerville.
XXe	Patin.
XXIe	Sainte-Beuve.
XXIIe	Nisard.
XXIIIe	de Vigny *(vacant)*.
XXIVe	Vitet.
XXVe	Saint-Marc Girardin.
XXVIe	Feuillet.
XXVIIe	Ampère.
XXVIIIe	de Carné.
XXIXe	Empis.
XXXe	de Sacy.
XXXIe	de Falloux.
XXXIIe	Berryer.
XXXIIIe	Legouvé.
XXXIVe	de Montalembert.
XXXVe	Émile Augier.
XXXVIe	de Rémusat.
XXXVIIe	le duc de Noailles.
XXXVIIIe	le prince de Broglie.
XXXIXe	Jules Sandeau.
XLe	Laprade.

L'APOLOGIE
DU MAUDIT

DIALOGUE HÉROÏQUE

PERSONNAGES : LES QUARANTE FAUTEUILS.

La scène se passe à l'Institut, dans la salle des séances de l'Académie française ; tous les fauteuils sont à leur place, excepté le n° 18 qui a franchi le détroit et s'est installé à Hauteville-House, sur le rocher de Guernesey.

N. B. Nous ne croyons nullement aux oracles des tables parlantes ; mais nous croyons beaucoup à l'éloquence de ces fauteuils. Nous redoutons seulement, hélas ! que les titulaires actuels desdits fauteuils nous trouvent bien audacieux de prêter à leurs sièges un langage si héroïque et si accentué. Puissent-ils vivre tous assez longtemps pour reconnaître que ce langage un peu vif n'est peut-être qu'un anachronisme anticipé par intuition, comme il nous est arrivé si souvent d'en commettre le plus innocemment du monde.

Maintenant, il ne nous reste plus qu'à faire les trois saluts d'usage, pour réclamer toute l'indulgence de nos lecteurs bienveillants...

Voici le rideau qui se lève.

FAUTEUIL PREMIER.

Eh bien, que dites-vous du nouveau candidat ?

FAUTEUIL VI.

Que de la liberté c'est un rude soldat ;

Il est, la plume au poing, nuit et jour sur la brèche ;
Il rappelle l'enfant de la divine crèche
A le voir se vouer si généreusement,
Avec tant de candeur, à l'affranchissement
Complet de la pensée... ainsi que le Messie
Affranchit âme et corps !...

FAUTEUIL XIII.

     Son don de prophétie,
Sa résignation patiente, partout
L'ont montré comme un Christ... il pressent, prédit tout ;
Sa vie est, en exil, un incessant miracle ;
Il ne peut faire un vers qui ne tourne en oracle.
Il n'a jamais écrit et se trouve un lettré ;
Son style d'un reflet divin semble éclairé.
Sa plume, jusqu'alors vierge de polémique,
Improvise un journal en style académique ;
De la religion ignorant tous les us,
Il saisit corps à corps les antiques abus ;
Et son journal devient et la mine et la sape
Qui d'un pouvoir trop lourd fait soulager le pape...

FAUTEUIL XVI.

C'est About... c'est Renan !...

FAUTEUIL XXXIX.

                    Pardon ! c'est le MAUDIT ;
Dans son dernier volume, à tous il nous l'a dit (*).

FAUTEUIL XXXI.

C'est par trop loin pousser l'audace et l'ironie !

FAUTEUIL XXXV.

Peut-être à votre adresse !... il vous doit son génie !
Ne serait-ce point vous et vos amis pieux
Qui l'ont fait mettre au ban de la terre et des cieux ?...
— Il eût été perdu... s'il ne fût né poëte !—
Pour abriter un front en butte à la tempête
Qui mieux que nous connaît la vertu du laurier ?

FAUTEUIL IX.

Ce n'est point, j'en suis aise, un candidat môrnier ;

(*) Allusion aux lignes suivantes que le candidat avait ajoutées sur la première page de son dernier volume de comédies, en l'envoyant à chacun de MM. les membres de l'Académie française : « Si un maudit pouvait faire partie de l'Académie française, combien lui faudrait-il encore de comédies comme les trois dernières pour être nommé ?... Peut-être ira-t-on chercher la réponse prochainement... »

Il n'a rien de douteux en ses franches allures ;
Son langage est celui des plus fières natures ;
Il parle comme il pense, avec sincérité,
Et jamais ne transige avec la vérité ;
Il a tout le courage et l'ardeur de Voltaire,
N'ignorant, comme lui, rien... que l'art de se taire.

FAUTEUIL III.

Il représente un type assez rare aujourd'hui :
Il n'a, jusqu'à ce jour, relevé que de lui ;
Nul parti dont il n'ait repoussé toute avance,
De son esprit gardant vierge l'indépendance.

FAUTEUIL XXXII.

N'est-ce à bon droit, aussi, qu'on le tient pour un fou ?
Ne vit-il comme un gueux et comme un loup-garou ?

FAUTEUIL VIII.

Arguer de folie est l'extrême ressource
Des sages de l'Eglise... et de ceux de la Bourse...
Je trouve qu'on abuse... un peu facilement,
Au temps où nous vivons, de ce fade argument.
Quand l'esprit, le bon sens rayonnent dans une œuvre,
Traiter l'auteur de fou... n'est point saine manœuvre.

FAUTEUIL XIV.

Qui ne sait, aujourd'hui, par quels fâcheux moyens
On peut rendre idiots les plus grands citoyens ?..
Par quels secrets on peut jeter aux gémonies
Les plus brillants esprits, les plus rares génies ?
Grâces à la chimie, à l'électricité,
Des anciens chevalets on a ressuscité
Le supplice odieux, la vengeance barbare !...
Quand je vois un esprit sublime qui s'égare,
Je ne puis m'empêcher tout à coup de songer
Qu'il recelait en lui pour quelqu'un un danger.

FAUTEUIL XI.

Par excès de prudence, en effet, la police
De ces pieux complots trop longtemps fut complice ;
La Justice, à la fin, doit élever la voix ;
Pour les crimes nouveaux il faut nouvelles lois,
Et que des châtiments sévères, implacables,
Puissent saisir partout, frapper les vrais coupables.
Pour tels méfaits nul n'a le droit d'être indulgent,
Car leur seul instrument, leur pivot, c'est l'argent !...
L'argent, l'argent maudit dont on gorge un sicaire,
Qui change en Dumollard ainsi qu'en Lacenaire,
Sans nulle exception, ses grossiers instruments,

Servantes ou valets, portiers ou garnements !...
Frappons, frappons surtout du glaive de justice
L'or qui solde la trame et la main qui la tisse ;
Quel que soit son habit, quel que soit son pouvoir,
N'écoutons que la voix du rigide devoir !

FAUTEUIL XX.

On ose ici blâmer sa manière de vivre ?...
S'il se priva... ce fut pour imprimer son livre !
De ses titres de gloire, eh ! c'en est le plus beau,
Celui qu'en lettres d'or portera son tombeau !
On dira que, fléau de l'esprit mercenaire,
Sa plume refusa d'être millionnaire ;
Qu'il préféra vingt ans vivre de pain et d'eau
Que de se vendre au juif, au tripot, au bedeau !
Cherchez donc, en ce temps où l'industrialisme
Est seul dispensateur des brevets d'héroïsme,
Des exemples nombreux d'un tel renoncement !
Que voyons-nous partout... sinon l'abaissement
De ces littérateurs qui tiennent des boutiques ?...
Ah ! que n'ont-ils de même un peu les mœurs antiques !
Comme le candidat réfrénant leurs besoins,
Ils en écriraient mieux... car ils mangeraient moins !...

FAUTEUIL XXXIV.

Dira-t-on qu'il ne fut un affreux satirique,
Ne respectant personne en sa verve caustique ?

FAUTEUIL XXV.

La Satire eût toujours un siége parmi nous ;
Ses droits sont éternels et sacrés entre tous ;
Des abus c'est le frein ; c'est le flambeau, le guide
Qui marche devant nous, courageux, intrépide,
Ecartant de son fouet les monstres, les serpents,
Et purgeant le chemin des animaux rampants,
Des ronces, des chardons de la littérature.
Honorons le courage et l'esprit d'aventure
De l'Hercule abattant Briarée aux cent bras,
Et qui vient nettoyer l'étable d'Augias.

FAUTEUIL XL.

En maints de ses écrits n'eut-il point l'infamie
De faire la leçon... même à l'Académie ?...

FAUTEUIL XXIX.

L'Académie, hélas.! eut toujours si bon dos !
A faire de l'esprit elle aida tant de sots !...

FAUTEUIL XXVIII.

N'a-t-il pas prodigué l'attaque personnelle
A nos plus chers amis ?...

FAUTEUIL X.

D'une vieille querelle,
Dès qu'on franchit ce seuil, le souvenir ancien
Expire et disparaît... L'académicien
Doit ici dépouiller les misères de l'homme ;
Ce n'est plus qu'un esprit qui s'assied sous ce dôme,
Un juge comme Dieu... qui pour le siége en deuil
Ne voit que l'écrivain, ses titres au fauteuil.
Il n'examine rien que cela : si le livre
A le souffle inspiré qui doit le faire vivre ;
S'il a le don du style et de la vérité,
Et s'il est digne en tout de la postérité...

FAUTEUIL XXXIII.

J'applaudis sans réserve à ce noble langage.

FAUTEUIL XXVI.

Bien qu'il ait malmené de moi plus d'un ouvrage,
Je donnerais ma voix au poëte mordant,
Si son nom, en haut lieu, n'était fort discordant.

FAUTEUIL II.

Vieux et nouveaux partis, de cette plume austère
Ont reçu tour à tour un avis salutaire ;
Un seul, vous le savez, pouvait en profiter ;
Il l'a fait. Est-ce là matière à s'irriter ?...
La leçon fut toujours d'une rare finesse
Et le conseil était... confit en politesse...
On n'essaya pas moins de mettre au pilori
Du ridicule un nom... dont le... public a ri...
Mais le nom des plaisants paya leur complaisance !
Sont-ce jeux du destin ou de la Providence ?
Je ne le sais... et point je ne veux le savoir,
Car j'aime mieux le croire encor que l'aller voir.

Mais d'où vient donc alors cette étrange colère
Qu'excite le seul nom du lutteur littéraire ?...
Pourquoi le maintenir hors la commune loi ?
Si j'en ai bien jugé, l'éclectisme est sa foi :
« Intriguer, conspirer est selon lui démence ;
» De tous ces vains efforts se rit la Providence,
» Aujourd'hui chaque prince a son rôle à remplir ;
» Jusqu'au couronnement l'œuvre doit s'accomplir. »
Voilà ce que chacun de ses livres proclame...
Loin d'attiser le feu, c'est modérer la flamme...
D'où vient de tout logis qu'on le force à partir ?...

FAUTEUIL XXXVI.

Au front du moraliste est le sceau du martyr.

FAUTEUIL XXIV.

Souvent il a donné plus d'un avis utile
A des accapareurs — pleins d'esprit et de style —
Visant à leur insu, par leur position,
A ne permettre plus — que par exception —
Les drames des auteurs qui vivent de leur plume.
Leur éditeur aurait — pour le prix du volume
Par trop officiel — acheté vingt romans
A de jeunes auteurs aux durs commencements.

FAUTEUIL XIX.

Et c'est pourquoi, dit-on, un certain entourage...

FAUTEUIL XXVII.

L'eût dû remercier de son rare courage.

FAUTEUIL XXXVIII.

En sage vous parlez, car les gouvernements
Se doutent peu combien ces accommodements

De mesquins intérêts, d'argent, de gloriole,
Impriment à leur front une sombre auréole...

FAUTEUIL XXXVII.

Est-il d'une naissance ?...

FAUTEUIL XXI.

Il naquit... comme nous...
Comme nous ne fut point bercé sur les genoux
D'une illustre duchesse. — En sa biographie,
Si pleine de sagesse et de philosophie,
Nous voyons tour à tour ses honnêtes parents
Tous se sacrifier, en des temps différents,
Compromettre leur vie et la dot de leurs filles
Pour conserver leurs biens à de nobles familles ;
Leur mal héréditaire était le dévoûment...
Prison, ruine et mort furent son dénoûment.

FAUTEUIL XXX.

Il eut aussi sa part, lui, du triste héritage ;
Pour un noble dévot — dont l'implacable rage
Sur notre candidat pèse d'un si lourd poids, —
Naguères il se fût sacrifié vingt fois,
Comme avait fait son oncle, ami de Lamartine.

Quelle reconnaissance, un jour, de la poitrine
Du dévot s'échappa ? « Petit tison d'enfer,
» Lui dit-il, vous eussiez fait un nouveau Luther
» Si l'on ne vous eût point étouffé sous des masses
» De chiffres !... — Étouffé !... peste de vos grimaces !
» Si c'est là l'intérêt qu'on nous porte, merci !
» Nous préférons encor votre haine à ceci !...
» Plus de protections !... Reprenons l'équilibre,
» Que nous soyons Luther ou non, nous serons libre !....
» Voyons... depuis vingt ans que tous m'ont exploité,
» Et que j'ai dépensé toute ma volonté
» Pour l'unique profit de vos gens de finance,
» Que m'en est-il resté ?... Rien... qu'un mépris immense
» Pour ce monde qui croit qu'avec un sac d'argent
» On en est quitte envers un homme intelligent,
» Dont la fière pensée et l'essence divine
» Deviennent balancier, véritable machine
» A frapper des écus, en ces stupides mains !...
» Mieux vaut nous dévouer aux intérêts humains !...
» Tournons tous nos efforts vers la libre pensée ;
» Tombons au moins martyr d'une lutte insensée
» Mais sublime... s'il faut que nous soyons martyr !...
» Assez, assez vécu pour nous faire abêtir !... »

Tel est l'homme, aujourd'hui, qui nous demande asile,
Et qui, depuis quinze ans, fait cette guerre utile ;

Semant à chaque pas quelque nouveau courroux
Dont l'or lance après lui tous ses faiseurs de fous.

FAUTEUIL XXII.

Quoiqu'il ne soit point fils de l'École normale,
Nous devons sympathie à cet esprit si mâle.

FAUTEUIL XII.

C'est un de nos fleurons les plus chers, les plus beaux,
Que de faire éclater soudain les noms nouveaux...
Qu'il soit fils de Luther, quaker ou méthodiste,
Qu'il soit, comme Channing, un universaliste,
Il est un moraliste ardent et généreux,
Et pour les scélérats seuls il est dangereux !

En quels lieux serait donc libre la conscience
Si, sous cette coupole où vient toute science,
On ne peut être admis, comme dans un saint lieu,
Sans croire à Loyola comme on croit au bon Dieu !...
Eh ! quoi ! s'il surgissait quelque nouveau Voltaire,
Quelque nouveau Molière, il faudrait donc nous taire,
Les voyant immoler par quelque chroniqueur,
Doué d'autant d'esprit que de style ou de cœur ?...

FAUTEUIL XV.

Il faut que notre vote en sa faveur proteste
Contre ce journalisme et vénal et funeste...

FAUTEUIL VII.

Un tel homme est resté trop longtemps méconnu.

FAUTEUIL XVII.

Dans cet illustre corps, moi, le dernier venu,
En voyant le fécond moraliste-poëte
Se présenter à vous, franchement je regrette,
— Moi qui n'ai point écrit, — de l'avoir précédé ;
Mais si notre fauteuil ne peut être cédé,
Non-seulement ici je lui donne mon vote,
Mais je prétends encor que demain on le dote
Du siége qu'on m'offrit au Corps législatif ;
— On ne peut faire un choix plus significatif ! —
Qu'il y soit appelé d'une voix unanime ;
Que Paris rende, enfin, au proscrit magnanime
Le banc veuf du poete !... En le nommant deux fois,
Élevons *LE MAUDIT* sur un double pavois !...

FAUTEUIL IV.

Ce candidat... maudit... est mon compatriote (*) ;
Ce n'était point assez pour décider mon vote !
J'ai lu tous ses écrits avec attention ;
J'ai dû l'interroger sur une intention :
S'il entendait laisser l'édition prochaine
Si dure que parfois elle en semble inhumaine ?
— « Si j'ai, nous a-t-il dit, trop distillé de fiel,
Ce fut le plus souvent contre mon gré ; — le ciel
M'en est témoin ! — La guerre infâme qu'on a faite
A l'humble moraliste, à l'innocent poëte,
Me forçait à sévir, — même avec cruauté, —
Afin d'intimider quiconque était tenté
De s'acharner sur moi, sans le moindre scrupule,
Pour gagner, à ce jeu, quelque triste pécule.
Mais dès que cette guerre indigne cessera,
Et dès qu'à mes travaux justice l'on fera,
Je serai le premier à purger mes volumes
Du fiel dont l'injustice avait chargé mes plumes.
Seront les bienvenus, alors, tous les avis
Que daigneront donner de sérieux amis. »

(*) Oserait-on espérer qu'au moins, à ce titre si précieux, l'éminent personnage, titulaire actuel de ce fauteuil, daignerait consentir à être l'un des parrains du candidat ?

FAUTEUIL XXIII (*vacant*).

Je désire, à ma place, un poëte qui vive,
A la veine abondante, à la pensée active;
Parmi vous, il n'est plus de poëte écrivant
En vers !... Vous n'avez plus un poëte vivant !...
Sur dix qui vous restaient, trois écrivent en prose,
Laprade aux cieux se perd... le reste se repose !...
Mon candidat est bien le poëte nouveau,
Qui naquit, qui sortit tout armé du cerveau
De l'époque moderne... au vers simple et pratique...
Telle est la poésie ou l'art démocratique !
Vous lui devez ouvrir la porte à deux battants
Pour montrer le chemin aux autres combattants.
Si vous voulez, enfin, raviver votre gloire,
Qu'on l'aide à remporter cette belle victoire ;
Hâtez-vous d'adopter le vrai persécuté,
Le poëte nouveau, fils de la liberté !...
Que vous importe si, pour braver la tempête,
Et pour parer les traits lancés contre sa tête,
Il fut son seul valet et son seul cuisinier ?...
Bien loin qu'il en rougisse, ou songe à le nier,
Il en fait son orgueil et sans cesse il s'en vante,
Car sa muse lui doit de n'être point servante !...
C'est le cercle de feu, c'est son isolement

Qui lui donne le droit d'oser, en ce moment,
Vous demander ici le prix de son courage !...
Puisse-t-il l'obtenir avec votre suffrage !...

FAUTEUIL V (*).

Oui, tous, cédons aux vœux de l'éloquent fauteuil
De l'illustre défunt dont nous portons le deuil.
« A travers tous les temps et leurs vicissitudes,
» L'Académie a su garder ses habitudes
» De procédés exquis, d'accord harmonieux.
» Le talent est un titre incomplet à ses yeux
» Si l'on n'est point aussi d'humeur académique,
» Et si l'on est enclin trop à la polémique... »
C'est ainsi qu'un de nous, et des plus éloquents,
— A juste titre aussi l'un des plus influents, —
Naguère répondait au père Lacordaire.
Nous nous convertissons à la thèse contraire ;

(*) On aurait beaucoup désiré pouvoir réserver les dernières paroles et surtout les derniers vers de ce dialogue au fauteuil de l'orateur immortel de la place de l'Hôtel-de-Ville, en 1848, surtout en songeant que M. de Lamartine fut l'ami le plus précieux d'un homme qui, de son lit de mort, dans la force de l'âge, lui écrivait un suprême adieu pour lui léguer en quelque sorte son neveu, son fils adoptif, qui est le candidat lui-même. Mais le droit de clore cette grande séance appartenait incontestablement au fauteuil qui l'avait ouverte, à son double titre de doyen illustre et vénérable, et de secrétaire perpétuel de l'Académie française.

C'est du choc du caillou qu'étincelle le feu ;
Laissons le dur acier sur lui frapper un peu ;
Si nos bras ne sont point faits pour les Euménides,
Il ne sont pas non plus ceux des Epiménides,
De cadavres blanchis tombant de vétusté,
Arrivant à la mort par la caducité.

Jetons, par notre choix, une lumière vive ;
Révélons à la France, à l'Europe attentive
Le nom de ce proscrit, le nom de ce maudit,
Que les journaux des Juifs ont mis à l'interdit,
Et dont, depuis quinze ans, dans une triple flamme,
Ont grandi, chaque jour, et le génie et l'âme.

A de tels attentats il n'eût pu résister,
Si Dieu n'avait daigné de son bras l'assister...
Devons-nous, plus que Dieu nous montrant difficiles,
Lui refuser, ici, le plus saint des asiles ?...
En écrivant ce nom sur quelques bulletins,
Nous faisons, à ses pieds, tomber tous les Cottins,
Les grecs et les faiseurs, lettrés ou politiques,
Qu'il sut faire rugir au fond de leurs boutiques.

PREMIER FAUTEUIL.

Pour moi, c'est, j'en conviens, son titre capital ;
Du roman-feuilleton j'aime en lui l'Annibal.

En le voyant combattre avec tant de courage,
Je comprends contre lui l'universelle rage
Du journalisme impur et battant des gros sous...
Il comprit, pressentit que ces journaux, pour tous,
Seraient l'arrêt de mort du vrai sens littéraire,
Que la plume-métier daterait de notre ère,
Que de la décadence, enfin, c'est le signal !

Sachons-lui gré d'avoir lutté contre le mal,
Déplorant qu'on ait su paralyser l'organe
Qui, contre le torrent, avait baissé la vanne.
C'est ainsi que l'on vit de riches éditeurs
Isoler à tout prix de tous ses auditeurs
La parole maudite !... — Etrange destinée !
Aussitôt que, dans l'œuf, elle était devinée,
Tartuffe l'étouffait... ou croyait l'étouffer !...
Dès que brisant la coque, elle va triompher,
C'est l'art qui doit le plus mettre à profit sa veine
Qui s'élance sur elle et de nouveau l'enchaîne !...
— Il est vrai que Tartuffe a des retours si fins,
Et par tant de sentiers il arrive à ses fins ! —

Au *MAUDIT* en donnant aujourd'hui la victoire,
Assurons à jamais son triomphe et sa gloire !
Quelques-uns voteront peut-être avec regrets,
Lui trouvant un peu trop de penchant au progrès ?...

Quand le temps marche, il faut qu'au siècle on s'assimile;
Du Sauveur nous serons bientôt en l'an deux mille,
Et sa parole encor semble dater d'hier,
Tant elle s'assouplit au progrès le plus fier !...
Ce dernier, malgré lui, s'incline devant elle...
Que dis-je ?... Il prend la vie en sa source éternelle !
C'est toujours la devise : « Amour, humanité,
» Fraternité, bonheur, espoir et liberté ! »

Montrouge, 25 février 1864.

POST-SCRIPTUM

AUX NIAIS, AUX ENVIEUX, AUX MÉCHANTS

Vont-ils se récrier ces héros... du silence,
Disant : « Fut-il jamais plus grande suffisance? »
Réponds, ô toi qui vis à l'œuvre ce MAUDIT :
N'a-t-il fait et souffert plus que nous n'avons dit?...